HENRI NOUWEN

HENRI NOUWEN
im Gespräch mit Philip Roderick

Geliebt sein

Was es heißt,
heute als Christ zu leben

HERDER
FREIBURG · BASEL · WIEN

Aus dem Englischen übersetzt von Ulrich Sander

*Die Übersetzung sei Franz Johna zugeeignet,
dem langjährigen Vertrauten, Lektor und
Übersetzer Henri Nouwens*

INHALT

Anhang

PHILIP RODERICK

Eine lebenslange Reise
auf dem geistlichen Weg

Einführung

Henri Nouwens Leben ist ein außergewöhnliches Beispiel für eine lebenslange Reise auf dem geistlichen Weg. Er vereinte in seiner Person eine anziehende Mischung aus Verletzlichkeit und Anspannung, leidenschaftlicher Gefühlstiefe und mitreißender Überschwenglichkeit in sich. Was er vortrug und veröffentlichte, hat mittlerweile bereits zwei Generationen von spirituellen Beratern, Suchern und Heiligen geprägt.

Dieses Buch ist die Niederschrift eines Gesprächs, das ich mit ihm führen durfte und dessen Erinnerung ich liebevoll hüte. Meine Hoffnung ist, dass dieses Buch auch Ihre spirituelle Lebensreise bereichert, indem Sie als Leserinnen und Leser Anteil finden an den hier festgehaltenen Einsichten. Aus ihnen leuchtet Henri Nouwens Weisheit, geschmiedet im Feuer der Leiden, die er trug, und der Hingabe an seine geistliche Suche.

Es war für mich eine große Freude, Henri Nouwen im Frühsommer 1992 in einem Tagungs- und Besinnungshaus in England zu treffen. Zu dieser Zeit lebte er in der »Arche«-Gemeinschaft »Daybreak« in Kanada. Bereits seit einigen Jahren hatten seine Schriften in mir einen besonderen Widerhall gefunden, und ich fühlte mich sehr zu der Unmittelbarkeit seiner spirituellen Erkenntnis hingezogen. Diese Unmittelbarkeit erwuchs aus seiner immer radikaleren Ehrlichkeit im Umgang mit sich selbst und seiner Selbst-Entäußerung auf dem Weg der Nachfolge Christi. Ich bin froh, dass es mir damals gelungen ist, während seines einwöchigen Aufenthaltes in Großbritannien einen Termin für ein Gespräch mit ihm zu erhalten, das auf Tonband festgehalten wurde.

Zehn Minuten, nachdem das Gespräch begonnen hatte, wurde mir die Situation im Raum bewusst. Henri Nouwen saß in einem Schaukelstuhl! Immer wenn das Gespräch an einen Punkt kam, der ihn leidenschaftlich berührte (und das war recht oft), schaukelte er mit einigem Elan in seinem Stuhl auf und ab. Damit für die Tonaufnahme der Abstand zum Mikrofon nicht ständig wechselte, sah ich mich gezwungen, ebenfalls mit ihm nach vorn und zurück zu wippen und dabei leicht verzweifelt das Mikrofon vor mich hinzuhalten, während er und ich hin und her schaukelten.

Vielleicht ganz ähnlich seinem Leben, bewegte sich das Gespräch mit einer ruhelosen, vibrierenden Leichtigkeit und Tiefe zugleich vorwärts, ein Tanz aus Erinnerungen und frischen Einsichten, aus Rückgriffen auf alte Überlieferung und Überlegungen aus zeitgenössischer Perspektive. Henri Nouwen spürte den Ruf, ein Jünger Jesu zu sein, und wusste zugleich um die eigene Gebrochenheit. Er konnte mit der Dynamik seiner Weisheit begeistern, die er mit einer gewissen unverwechselbar sanften Kantigkeit umgab.

Der Ruf, Schweigen und Einsamkeit als Wegbereiter für den eigenen geistlichen Dienst neu wertzuschätzen und sich tiefer anzueignen, hatte mich bereits einige Jahre vor dem Gespräch getroffen und seine Spuren auf meinem eigenen spirituellen Weg hinterlassen. Aber ich wusste auch, dass ich noch weitere Orientierung brauchte, um die notwendigen Gaben der Stille, des Alleinseins und des aktiven Mit-Leidens in meinen geschäftigen Lebensstil zu integrieren, eben als Wesenselemente eines Wegs in der Nachfolge Christi. Daher war ich darauf aus, von Henri Nouwens Weisheit zu lernen: wie die kreative Spannung zwischen Stille und Einsatz zu erreichen sei – und meine Hoffnung wurde mehr als belohnt.

Die Verbindung von Stille und Handeln, die Berufung zu dem Paradox, im Tun das Sein zu finden, ist der entscheidende Punkt für geistliche Gesundheit und ein spirituelles Urteilsvermögen. Wie Sie selbst lesen werden, wird im Verlauf des Gesprächs deutlich werden, dass Schweigen und Einsamkeit Voraussetzung und Wegbereiter des Dienstes sind. Eine Einsicht, die von den Evangelien gelehrt wird und im Leben jeder Generation von Heiligen und Mystikern bezeugt ist.

Die Zeit, in der wir leben, ist eine Herausforderung und Einladung für jede und jeden von uns, in unserem Herzen zu spüren, dass der Weg der Kontemplation offensteht, dass Glaube, Hoffnung und Liebe von Neuem ihre Kraft entfalten wollen. Ich lade Sie ein, an meinem Gespräch mit Henri Nouwen Anteil zu nehmen. Lesen Sie Stück für Stück oder in einem Zug. Mögen Sie bei Ihrer Lektüre gesegnet sein und ebenso auf allen Wegen Ihrer eigenen spirituellen Reise zu Gott!

Philip Roderick

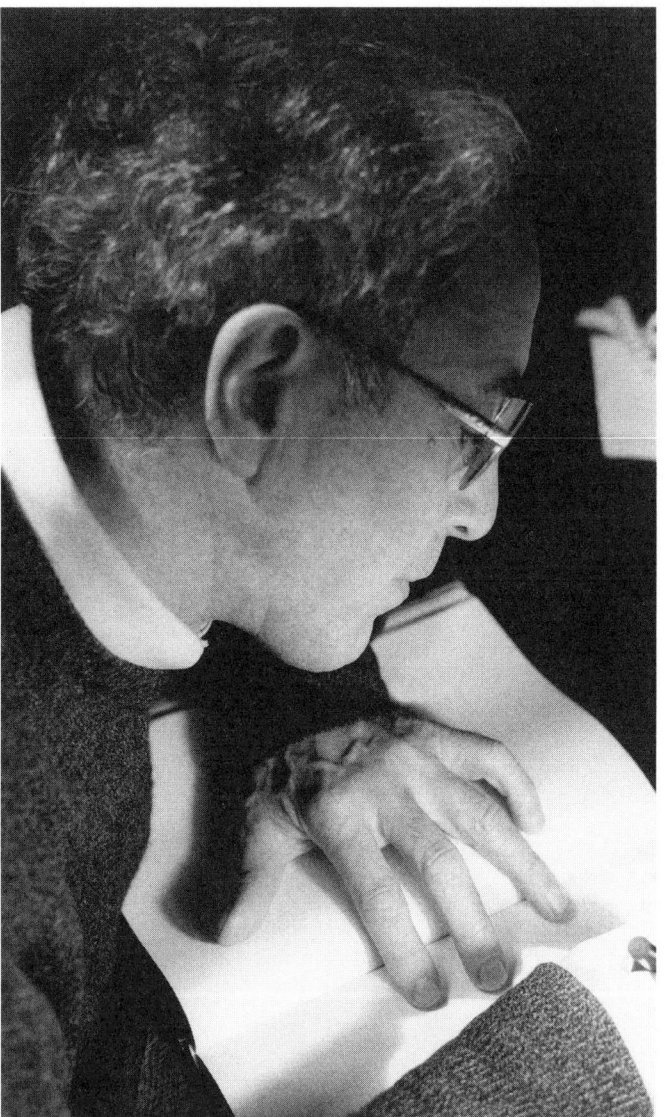

Geliebt sein

Im Gespräch mit
HENRI NOUWEN

1. Einsamkeit

Vielleicht lässt sich zu Recht behaupten, dass in einer geschäftigen Welt Einsamkeit und Schweigen eine Schlüsselrolle spielen, aber viele Menschen finden es schwierig, sie in ihr Leben einzubauen. Sind Einsamkeit und Schweigen für Sie wesentlich, und wenn ja, warum sind sie so wichtig?

Zunächst einmal bedeutet Einsamkeit: allein zu sein. In der englischen Sprache gibt es drei Wörter, die hier sehr wichtig sind. Das eine ist *aloneness*, Alleinsein, das ist eine sehr neutrale Zustandsbeschreibung. Das zweite ist *loneliness*, Einsamkeit im negativen Sinn von Sich-einsam-und-allein-Fühlen. Eine solche Einsamkeit ist nichts Gutes. Das dritte Wort schließlich ist *solitude,* Einsamkeit im positiven Sinn des Mit-sich-selbst-allein-Seins. In vielerlei Hinsicht ist die Kunst, mit sich selbst allein zu sein, der Weg, mit dem Alleinsein fertig zu werden. Wir *sind* allein

– das ist schlicht die Wirklichkeit, wir sind es! –
es gibt niemanden wie Sie auf der Welt. In einer
sehr tiefen Bedeutung ist jede/r von uns ein-zig
und damit all-ein auf der Welt. Ein Mensch ist
allein in dem Sinn, dass seine Einzigartigkeit ihn
zugleich davon ausschließt, zu jedem Bereich
einer anderen Person Zutritt zu finden. Daher
existiert eine Art Getrennt-Sein zwischen den
Menschen. Es ist faszinierend und zugleich wichtig zu wissen, dass wir fortwährend darum rin-
gen, dieses Getrenntsein loszuwerden, besonders
weil wir empfinden, dass unser Alleinsein sehr
schnell in negative Einsamkeit umschlägt. Vielleicht ist das eines der größten Leiden unserer
Zeit: dass Menschen vereinsamen.

In der Ehe gibt es viel Einsamkeit. In Freund-
schaften und vertrauten Beziehungen gibt es eine
große Menge Einsamkeit, eine intensive Sehnsucht nach Gemeinschaft, die nicht gestillt wird.
Es leiden so unzählig viele Menschen an Einsamkeit, junge und alte. Die Sehnsucht, die aus
der Einsamkeit kommt, lässt Menschen nach Gemeinschaft suchen. Sie suchen nach etwas, das
ihr Leiden an der Einsamkeit aufhebt. Es gibt

Hunderte von Strategien, es aufzuheben: die eine ist Unterhaltung, eine andere Sexualität. Das heißt nicht, dass Sexualität grundsätzlich dazu da ist, das Gefühl der Einsamkeit aufzuheben; aber viele Menschen benutzen sie so. Oder sie gebrauchen Drogen zur Stimulation oder sie reisen und besuchen andere oder sie sind sehr geschäftig und fühlen sich dabei als Teil eines größeren Ganzen. Je stärker Menschen all diese Anstrengungen unternehmen, zum Beispiel auch ihre Arbeit zu diesem Zweck gebrauchen, umso mehr entdecken sie, dass sie in all dem eigentlich keine Antwort auf ihre Einsamkeit finden.

Augustinus sagt: »Unruhig ist unser Herz, bis es Ruhe findet in dir, o Herr.« Man kann behaupten, dass vieles von dem, was wir so tun, den Zweck hat, unsere Einsamkeit aufzuheben. Tief in unserem Herzen wissen wir: Wenn wir von Menschen oder Strukturen verlangen, dass sie unsere Einsamkeit aufheben, können wir sehr schnell äußerst fordernd und zwanghaft werden. Wenn wir Beziehungen dazu benutzen, unsere Einsamkeit aufzuheben, entdecken wir sehr schnell, dass wir beginnen, uns an den anderen

zu klammern und ihn zu unterdrücken. Das ist
der Grund, warum Einsamkeit zu so viel Gewalt
führt: Wir möchten, dass jemand anders unsere Einsamkeit fortschafft, und das funktioniert
nicht. Dann lässt sich wahrnehmen, wie schnell
das Verhalten von Menschen gewalttätig wird:
Ein Kuss geschieht aus Liebe, aber wie schnell
wird er zum Biss! Aus Zuhören wird Überhören.
Aus einem zärtlichen Blick wird ein argwöhni-
scher Blick. Alle diese freundlichen Gesten werden sehr schnell verletzend, wenn ihre Quelle
Einsamkeit ist.

Die Kunst, mit sich selbst allein zu sein, ist
wesentlich, wenn Sie ein Leben führen wollen,
das nicht zerstörerisch wirkt. Wenn Sie Ihr Alleinsein in einer Weise annehmen wollen, dass es
kreativ und nicht destruktiv wirkt, ist das Mit-
sich-allein-Sein der Weg, um sich mit Ihrem
Alleinsein anzufreunden, es als ein positives
Geschenk willkommen zu heißen. Das heißt:
Sein Kreuz auf sich nehmen, so wie Jesus sagt:
»Freunde dich an mit deinem Leiden, freunde
dich an mit deinem Kreuz.« Dein Kreuz ist deine
Einsamkeit. Wenn du deine Einsamkeit umarmst

und tief in sie hineingehst, dann kann sie verwandelt werden in die Kunst, mit sich allein zu sein. Mit-sich-selbst-allein-Sein ist eine so wichtige Übung des spirituellen Lebens, weil das Ziel ist, das Alleinsein anzunehmen und nicht aus Einsamkeit heraus zu handeln. Aus Einsamkeit heraus handeln verstrickt einen in einen Sog von Abhängigkeiten. Wenn Sie zum Beispiel meinen, dass Drogen Ihnen helfen, Ihre Einsamkeit loszuwerden, werden Sie immer mehr Drogen brauchen und süchtig werden. Dasselbe gilt für die Sexualität oder die Arbeit: Sie arbeiten und arbeiten, Sie wollen mit Menschen in Kontakt und Teil eines größeren Ganzen sein, aber je mehr Sie auf diese Weise mit Ihrer Einsamkeit umgehen, umso mehr verstricken Sie sich in die Arbeit.

Um diesen Teufelskreis der Abhängigkeit zu durchbrechen, sind wir aufgerufen, unsere Einsamkeit anzunehmen. Was bedeutet das nun tatsächlich? Es bedeutet, dass Sie irgendwie Ihr Alleinsein als ein Geschenk in Anspruch nehmen, ein Geschenk, das zwar immer mit Schmerz verbunden ist, aber mit Schmerzen, die erträglich sind. Sie vertrauen – und das ist der große Sprung, um den es geht –, Sie vertrauen darauf, dass die Annahme des Alleinseins, die Annahme auch der Schmerzen, Sie in Berührung bringt mit dem Einen, der allein Ihre Sehnsucht nach Gemeinschaft stillen kann. Gott hat uns ein Herz geschenkt, dessen Sehnsucht kein anderer Mensch letztlich stillen kann – nur Gott selbst. Wenn Sie beginnen, Ihre Einsamkeit anzunehmen, das heißt Ihre Gebrochenheit und Ihren Schmerz, können Sie das eigentlich nur dann getrost tun, wenn Sie darauf vertrauen, dass es nicht zur Verzweiflung führt, dass es Sie in Berührung bringt mit dem Einen, der uns ruft, ihm unser ganzes Herz, unsere ganze Seele, unsere ganze Vernunft zu übergeben – und der uns dadurch die Liebe schenkt, nach der wir verlangen, die Befriedigung, nach der wir uns sehnen. Mit-sich-allein-Sein ist eine geistliche Übung, mit der Einsamkeit so umzugehen, dass sie weder uns selbst noch andere zerstört, sondern stattdessen zu einem Ort wird, an dem wir entdecken, wer wir in Wahrheit sind. Jede/r von uns ist ein Geschöpf Gottes, der all unsere Aufmerksamkeit verlangt und der uns all die Liebe geben will, die wir brauchen.

2. Zu wenig Zeit?

Es gibt zwei Kategorien von Menschen: Die einen, für die Einsamkeit eine unfreiwillige Lebenssituation darstellt, mit anderen Worten: alle, die verwitwet, geschieden, alleinstehend sind und keine Wahl haben. Dann gibt es die andere Gruppe von Menschen, für die allein zu sein einen ungeheuer großen Luxus bedeutet. Sie denken: »Wenn ich doch nur etwas mehr Zeit für mich selbst hätte!«. Die zuerst Genannten denken dagegen: »Wenn ich doch nur nicht so viel Zeit mit mir selbst verbringen müsste. Mir fehlt es, mit Menschen zusammenzusein.« Wer so redet, braucht vielleicht einige Anregungen, um mit seiner erzwungenen Einsamkeit kreativ umzugehen. Die andere Gruppe braucht dagegen eine umgekehrte Übung, sie fragt: »Wie kann ich positive Einsamkeit realistisch einüben? Ich möchte mehr allein sein, aber ich weiß nicht, wie ich das anstellen soll.« Was würden Sie diesen beiden unterschiedlichen Gruppen von Menschen raten?

Zunächst einmal zur zweiten Gruppe: Es stimmt, dass viele Leute sagen: »Hätte ich nur etwas Zeit! Könnte ich doch etwas mehr allein sein!« Aber wir müssen uns bewusst sein, dass wer so redet, nicht notwendigerweise auch etwas mit der Einsamkeit anfangen kann. Mit anderen Worten: Unendlich geschäftige Zeitgenossen, die so viel zu tun, so viele Termine einzuhalten, so viele Leute zu treffen, so viele gesellschaftliche Verpflichtungen wahrzunehmen haben, fangen an, sich darüber zu beschweren und sagen: »Ich habe zu wenig Zeit für mich selbst!«, »Ich hätte gern mehr Zeit für mich selbst!«, »Ich wünschte, ich könnte mehr allein sein!«, »Ich sehne mich nach einer einsamen Stunde!« All diese Klagen höre ich mit gemischten Gefühlen, denn dieses Geschäftig-Sein ist selbstgemacht. Wer mit einem selbstkritischen Blick fragt, warum er/sie so beschäftigt ist, wird schnell herausfinden, dass dafür kein Zwang besteht.

Es gibt für die meisten Leute überhaupt keinen Grund so geschäftig zu sein, wie sie sind. Sie wollen mehr Geld verdienen, als sie brauchen. Sie wollen mehr fernsehen als nötig. Sie wollen mehr

Bücher lesen, als sie lesen müssen. Sie wollen ausgehen, um mehr Leute zu treffen. Sie wollen mit zu vielen Bekannten in Verbindung bleiben. Sie wollen zu viel reisen. Wir können sogar überaus geschäftig sein, indem wir nach der Bedeutung von Einsamkeit forschen! Wenn ich mich selbstkritisch frage: Warum bin ich so geschäftig, warum möchte ich noch ein Buch schreiben?, dann habe ich mich zu fragen: Warum will ich dieses Buch schreiben? Wenn es das ist, was Gott von mir erwartet, warum führt es mich dann in eine solche Geschäftigkeit hinein? Weil es so interessant sein könnte, mit noch jemand über dieses Thema zu sprechen ... Die geistliche Übung für Menschen, die sagen: »Ich wünschte, ich hätte mehr Zeit, allein zu sein«, besteht darin, die Masken ihres Geschäftigseins abzulegen. Ich werde keine Zeit zum Beten haben, bevor ich mir selbst nicht ganz radikal die Priorität setze, zu beten und mit mir selbst – mit Gott! – allein zu sein. Von allein geschieht das nicht, meine Gefühle gehen in eine andere Richtung: Da muss ich unbedingt irgendjemand treffen oder irgendetwas tun oder irgendwohin gehen.

Wir leben in einer reichen Gesellschaft: wir sind materiell versorgt, können reisen und lesen, wir haben Zugang zu Filmen, Büchern, anderen Menschen. Einsamkeit ist eine harte geistliche Übung, denn wir leben im Luxus so vieler Anregungen. Wenn wir einem Menschen helfen wollen, der überbeschäftigt ist und stöhnt, dass es nicht genug Zeit zum Alleinsein gibt, dann rufen wir ihn grundsätzlich zu einer radikalen Umkehr auf. Und damit steigen wir in die Tiefe der Fragestellung hinab: Es geht um unsere geistliche Identität. Wenn Sie geschäftig sind, allzu geschäftig, dann fragen Sie sich selbst: Wo liegt der Grund dafür, dass ich so beschäftigt bin? Vielleicht möchten Sie etwas beweisen. Warum sind Leute so beschäftigt? Vielleicht möchten sie im Leben Erfolg haben oder beliebt sein oder Einfluss gewinnen. Wer erfolgreich sein will, muss sehr viel arbeiten; wer beliebt sein möchte, muss viele Menschen treffen; wer Einfluss gewinnen will, muss viele Beziehungen am Laufen halten. Das Problem mit dieser Art Geschäftigkeit ist, dass Ihre Identität sich darin verfängt. Dann denken Sie: »Ich bin, was ich tue. Ich bin, was andere über mich sagen. Ich bin, was ich besitze. Ich bin, worauf ich Einfluss habe.« Das ist eine sehr reale Versuchung für mich, für jede/n von uns. Wenn wir sagen, dass wir der Erfolg unserer Arbeit *sind*, dann wird das *wahr werden*. Sobald wir versagen, verfallen wir in Depressionen. Sobald die Leute anfangen, negativ über uns zu reden, oder sobald wir wahrnehmen, dass wir keinen Einfluss mehr haben, und so weiter, dann fühlen wir uns am Boden.

Jesus hatte in der Wüste drei Versuchungen zu bestehen: die Versuchung, bedeutungsvoll zu sein – Steine in Brot zu verwandeln –, die Versuchung, Eindruck zu machen – von der Brüstungsmauer des Tempels zu springen und sich von Engeln auffangen zu lassen –, und die Versuchung, mächtig zu sein und über alle Reiche der Erde zu herrschen (Matthäus 4,1–11). Jesus wies alle diese Versuchungen zurück, weil er es nicht nötig hatte, von irgendjemandem bestätigt zu bekommen, dass er wert war, geliebt zu werden. Er war bereits »der geliebte Mensch«. Denn genau das hatte ihm der Geist bei seiner Taufe im Jordan offenbart, die Himmelsstimme, die sprach: »Du bist mein geliebter Sohn, auf dir ruht mein Wohlgefallen« (Markus 1,11). Das macht dich aus! Du bist der Geliebte, du hast es nicht nötig, geschäftig durch die Gegend zu rennen, um es dir bestätigen zu lassen. Unmittelbar nachdem der Geist Jesus offenbarte, dass er der Geliebte sei, sandte derselbe Geist ihn in die Wüste, damit er dort auf die Probe gestellt würde.

Mit-sich-allein-Sein ist die Kunst, auf die Stimme zu hören, die uns zuspricht, dass wir geliebt sind. Einsamkeit bedeutet mit dem Einen allein zu sein, der spricht: »Du bist mein geliebter Mensch. Ich will mit dir sein. Fang nicht an, von jedermann die Bestätigung zu wollen, dass du geliebt wirst. Du bist bereits geliebt!« So spricht Gott zu uns. Einsamkeit ist der Ort, wohin wir gehen, um die Wahrheit über uns selbst zu hören. Sie ist das Hören auf die Bitte, andere Wege der Selbstbestätigung zu verlassen, die uns befriedigender erscheinen. Die Stimme, die uns »geliebt« nennt, ist keine Stimme, die unsere Sinne befriedigt. Hier liegt eine Grunderfahrung des ganzen mystischen Lebens: es ist jenseits der Gefühle und jenseits der Gedanken.

Die andere Gruppe, ältere Menschen oder überhaupt Menschen, die unfreiwillig allein sind, die sich vereinsamt fühlen, die zu viel unausgefüllte Zeit zu verbringen haben – auf sie richte ich meine Aufmerksamkeit einfach im Blick auf das geistliche Leben. Wir haben in ihnen ein ganzes Potenzial an Heiligen, an Menschen, die die Realität ihres Lebens in die Hand nehmen und das, was ihnen unfreiwillig geschehen ist, zu einem freiwilligen Akt machen können. Das ist nicht so verrückt, wie es klingen mag. In der »Arche« arbeite ich mit Menschen mit einer Behinderung. Keiner von ihnen hat irgendeine Kontrolle über seine geistige Behinderung. Entweder bist du geistig behindert oder eben nicht. In der Behinderung einen Weg zu finden, eine unfreiwillig eingetretene Situation in etwas freiwillig Angenommenes zu verwandeln, das ist die größte Herausforderung. Mit anderen Worten: Wie lässt sich die Wirklichkeit, so wie sie ist, begrüßen und annehmen und in den Weg verwandeln, auf dem Gott einen beruft, mit der Welt eine bestimmte Gabe zu teilen? Ein Beispiel: Wir können auf Leute zugehen, die arbeitslos sind, aber genug

Geld für eine kleine Wohnung haben, in der sie die Zeit allein verbringen. Die Kirche, die Gemeinschaft des Glaubens, oder auch Freunde sind eingeladen, diesen Menschen zu helfen, dass sie die Quelle ihres Leidens als Quelle einer Begabung entdecken. Wenn jemand sagt: »Ich habe gar nichts mehr zu tun!«, dann kann man sehr einfach antworten: »Sie haben Zeit, um zu beten.« Das wird nicht auf Anhieb funktionieren, also wird man einen Schritt weitergehen: »Warum üben Sie sich nicht ins Gebet ein? Ich werde Ihnen vorschlagen, für wen Sie beten können und wann Sie beten sollten, was Sie lesen können und wann Sie es lesen sollten. Sie können auch drei oder vier Leute zu sich einladen, die ebenfalls Zeit zum Beten haben.« So ähnlich kann es gehen.

Die Kirche wird gerade durch diejenigen, deren unfreiwillige Einsamkeit verwandelt wird, neues Leben finden. Die Zahl der im Alter unfreiwillig alleinstehenden Menschen wächst, aber die Kirche hat ihnen niemals aufgezeigt, wie ein mystisches Leben zu führen ist. Sobald sie nicht mehr für irgendetwas bedeutungsvoll sind, Eindruck auf andere machen können oder Macht haben, langweilen sie sich zu Tode. Es gibt Sechzig-, Siebzigjährige, die zu Tode gelangweilt sind. Dabei leidet die ganze Welt so sehr, und wir brauchen Menschen, die beten, die kreativ denken, Menschen, die Zeit für Freundschaft haben, Telefonanrufe übernehmen oder Karten schreiben, mit anderen in Kontakt bleiben. Es gibt so viel Vereinsamung, und viele sitzen da und klagen, dass die Welt sie vergessen hat. Sie klagen, weil sie in sich selbst keine Strukturen finden, ihr Alleinsein und ihre Einsamkeit in ein Geschenk für andere und für die Welt zu verwandeln. Sie sind sich nicht einmal bewusst, dass sie noch am Leben sind und nicht einfach auf das Ende warten müssen. Sie sind noch am Leben, weil Gott mit ihnen noch nicht zu Ende ist. Sie haben eine Sendung für die Welt.

3. Berufung

Ganz praktisch gefragt: Vor Ihnen sitzt ein Mensch, sechzig Jahre alt, der zu Tode gelangweilt ist. Welche innere Struktur würden Sie vorschlagen, die in ihm ein mystisches Leben erwecken könnte?

Das hängt sehr von den Umständen ab, in der die betreffende Person lebt. In Daybreak gibt es eine Dame von fünfundachtzig Jahren, die ich eingeladen habe, jeden Tag den Gottesdienst unserer »Arche«-Gemeinschaft zu besuchen. Man kann ihre Anwesenheit richtig spüren, und die anderen lieben sie sehr. Ich lade auch Leute ein, sich mit Freunden zu einer kleinen Gruppe zusammenzufinden oder sich einem Gebetskreis anzuschließen. Wir können also zum Beispiel vorschlagen: »Kennen Sie zwei oder drei Menschen, die in einer ähnlichen Situation wie Sie sind und die sich einmal in der Woche für ein paar Stunden treffen könnten? Sie können sich als Bibel- oder

Gebetskreis treffen, gemeinsam eine Tonaufzeichnung hören oder ein Video anschauen, das von geistlichen Dingen handelt.« Wenn wir im Geist wachsen, werden wir unsere geistliche Berufung entdecken. Allerdings sind manche Menschen so verbittert, dass sie lieber dabei bleiben, zu klagen und zu stöhnen, statt sich helfen zu lassen, ganz egal, was Sie tun. Andere fragen ganz ehrlich: »Was soll ich tun?«, und ich bin vollkommen davon überzeugt, dass jeder Mensch, der Gott um eine Berufung bittet, sie erhalten wird.

Menschen haben im Alter eine ungeheuer große Berufung. Für junge Menschen ist es gut, Besuche zu machen. Es ist auch für ältere Menschen gut, Besuche zu machen; aber es ist auch gut, andere einzuladen. Vielleicht können Sie im Alter Ihr Haus zu einem Ort machen, an dem junge und alte Menschen zusammenkommen und sich austauschen. Es ist von großer Bedeutung, dass das mystische Leben, das heißt das Leben in Gemeinschaft mit Gott, aus dem Hören auf den Anspruch kommt, der uns selbst und unser Geliebtsein trifft. Darum geht es im mystischen Leben. Unser Geliebtsein in Anspruch zu nehmen und unser Leben von diesem inneren Ort aus zu führen, das ist eine Entscheidung, die wir bewusst zu treffen haben. Dort, wo ich lebe, gibt es vielleicht zwei Freunde, die sich nicht bei mir melden, zwei Leute, die mich nicht mögen, und sechs Leute, die mir nicht genug zu tun geben – aber es gibt auch noch eine andere Wirklichkeit in meinem Leben. Von welchem inneren Ort aus entscheide ich mich zu leben? Entscheide ich mich dafür, von den Orten aus zu leben, wo ich mich beständig zurückgewiesen fühle, oder wähle ich den inneren Ort, an dem ich weiß, dass ich der von Gott geliebte Mensch bin? Das ist eine Entscheidung, eine innere Wahl, und sie ist sehr schwer zu treffen. Wenn Sie zum Beispiel etwas zu mir sagen, das ich gar nicht hören mag, dann setze ich sofort all meine Energie in den Versuch, es abzulehnen oder mich zu verteidigen. Aber ich kann mich auch entscheiden, mir zu sagen: »Ich bin der geliebte Mensch«, und dann eine ärgerliche Äußerung einfach stehen lassen und gar keine große Sache daraus machen.

4. Geliebt sein

Psychotherapeuten würden wohl sagen, dass eine große Zahl von Menschen, vielleicht jede/r von uns, mit dem Gefühl herumläuft, nicht genug geliebt zu sein, ein Mangel, der aus unserer Kindheit stammt. Ist die Antwort darauf, zu sich selbst zu sagen »Ja, ich bin der geliebte Mensch?«, oder ist das nicht doch viel zu einfach?

Nein, die Antwort liegt nicht darin, zu sich selbst zu sagen: »Ich bin der geliebte Mensch«, sondern die Antwort besteht darin, dass wir unser Geliebtsein in Anspruch nehmen. Es gibt zwischen sechs und zwanzig verschiedene Arten zu sagen: »Ich nehme mein Geliebtsein in Anspruch.« Zum Beispiel durch alle Arten innerer Einübung. Fragen, die zu einer inneren Einübung gehören, sind beispielsweise: Gebe ich Freude den Vorzug vor Traurigkeit? Wähle ich lieber ein Wort der Vergebung als ein Wort der Rache? Das sind wichtige Formen innerer Einübung. Wie verbringe ich die Zeit, da ich die Wahl habe? Lese ich Romane, die mich nicht weiterbringen, oder sehe ich Fernsehsendungen, die mich lediglich zerstreuen? – Oder entscheide ich mich dafür, bestimmte Bücher zu lesen und bestimmte Programme zu sehen, die mir wirklich helfen? Auch das ist ein Weg, das eigene Geliebtsein in Anspruch zu nehmen. Lasse ich mich als Mülleimer der Welt gebrauchen, der jedes Fernsehprogramm und jedes Buch schluckt? Habe ich einen großen Mülleimer in meinen Kopf? Oder entscheide ich mich dafür zu sagen: »Ich bin der geliebte Mensch. Ich werde diesem Mist weder zuhören noch ihn anschauen!«

Beziehungen sind ein Feld innerer Einübung. Wen wähle ich als meine Freunde? Besuche ich diese Frau, von der ich weiß, dass sie den ganzen Nachmittag nur über Gott und die Welt stöhnen wird, oder kann ich jemanden besuchen, der mit mir über Jesus spricht oder über Wege, anderen zu helfen? Das Leben bietet fortwährend Gelegenheiten zur Entscheidung, Wahlmöglichkeiten für die »Werkzeuge« meines Geliebtseins.

Das bedeutet innere Einübung, und eine Form bezieht sich auf das gemeinschaftliche Leben. Muss ich alles alleine schaffen? Kann ich an meinem Geliebtsein festhalten, auch wenn die ganze Welt mich zu überzeugen versucht, dass ich nicht geliebt bin und dass ich Geld dafür bezahlen muss, mich geliebt zu fühlen? Die Welt verführt uns dazu, Geld zu bezahlen, Reisen zu machen, alle möglichen Unternehmungen anzustellen und »dabei zu sein«, damit wir selbst uns irgendwie wertvoll vorkommen. Wie kann ich mich gegen all diese versucherischen Kräfte wehren? Dazu brauche ich andere Menschen, die mir sagen: »Du musst das alles gar nicht tun. Du bist geliebt!« Wir brauchen Freunde, die uns ganz leiblich berühren. Es gibt ein großes Bedürfnis, leiblich angenommen zu werden, geküsst, in die Arme genommen, gehalten zu werden, eben ganz normalen, gesunden Körperkontakt zu spüren. Das Bedürfnis danach ist groß, bei alten Menschen, bei Männern, Frauen, Kindern. Es gibt eine ungeheuer großes Sehnsucht danach, angenommen zu werden, ein Verlangen nach Menschen, die sagen: »Was du da gesagt hast, war wirklich gut und hat mir weitergeholfen.« Es gibt ein großes Bedürfnis danach, dass uns einer anruft und sagt: »Ich hab an dich gedacht und dich in mein Gebet eingeschlossen.« Es gibt ein ungeheuer großes Bedürfnis danach, Menschen um sich zu haben.

Die christliche Gemeinde ist eine Gemeinschaft von Menschen, die einander daran erinnern, wer sie in Wahrheit sind: Gottes geliebte Menschen. Unsere ganze Umgebung versucht, uns davon zu überzeugen, dass das nicht wahr ist. Das ist eine große Schlacht. Das ist die Schlacht, die wir den geistlichen Kampf nennen. In diesem Kampf geht es nicht um kleine Nettigkeiten, sondern um unsere Identität. Jedes Mal, wenn wir eine Entscheidung treffen, machen wir einen kleinen Schritt, und diese unscheinbaren kleinen Schritte gehen wir in jeder Sekunde unseres Tages. Ich kann hier sitzen und sagen: »Nun gut, wissen Sie, eigentlich hätte ich gern, dass Sie jetzt gehen, damit ich mich wieder meinen Angelegenheiten widmen kann.« Oder ich kann mich in dieses Gespräch einbringen und mir sagen: »Gott ist es, der uns bittet, zusammenzusein.«

Dann können wir zusammensein und die Zeit für Gottes Liebe so fruchtbar wie möglich gestalten. Das ist die Wahl, die ich zu treffen habe – eine innere Entscheidung –, und dann muss ich darauf vertrauen, dass etwas Gutes daraus entstehen wird. Aber ich kann die Entscheidung auch verweigern, meine Zeit vergeuden, und dann bin ich den Rest des Tages über enttäuscht und unzufrieden. Die herausfordernde Aufgabe besteht darin: Menschen aufzuwecken, ihnen die Stärke zu vermitteln, dass sie ihre Wahl treffen und darum wissen, dass sie eine Wahl haben.

5. Das Herz

Eng verbunden mit dem Geliebtsein ist die Vorstellung des »Herzens«. In der Bibel hören wir davon, dass das Herz des Pharao sich verhärtete und dass Lydias Herz in der Apostelgeschichte aufgeschlossen wurde. Die Vorstellung vom »Herzen« ist also wieder verbunden mit einer Wahl, einer Entscheidung. Wir können einen von zwei Wegen beschreiten, unser Herz kann sich verschließen oder sich öffnen. Das ist eine faszinierende Vorstellung, nicht wahr? Können Sie ein wenig darüber sprechen, wie Sie das »Herz« des Menschen verstehen?

Im biblischen Verständnis ist das Herz kein großer Muskel, sondern Symbol für den wahren Mittelpunkt unseres Seins. Das Wunderbare daran ist, dass das Herz als der Ort vorgestellt wird, an dem wir zuallermeist wir selbst sind. Es ist wie der Kern unseres Seins, der spirituelle Mittelpunkt. Einsamkeit und Schweigen sind beispielsweise Wege, zum Herzen zu finden, denn das Herz ist der Ort, an dem Gott zu uns spricht, an dem wir die Stimme hören, die uns die geliebten Menschen nennt. Das ist der innerste Ort des Menschen. In der berühmten Erzählung aus dem ersten Buch der Könige (1 Könige 19) steht der Prophet Elija im Eingang einer Höhle. Ein Sturm entsteht, aber Gott ist nicht im Sturm. Gott ist nicht im Erdbeben und nicht im Feuer. Gott ist in einer sanften, leisen Stimme. Diese sanfte, leise Stimme, die wir hören müssen, spricht zum Herzen. Gebet und Mit-sich-allein-Sein sind die Wege, auf diese Stimme zu hören, die in unserem Herzen spricht, im Mittelpunkt unseres Seins. Eine der faszinierendsten Erfahrungen ist, dass wir, je tiefer wir an jenen inneren Ort gelangen, dort nicht nur Gott, sondern der ganzen Welt begegnen werden.

Wenn wir unser ganzes Herz und unseren ganzen Verstand und unsere ganze Kraft Gott übergeben, dann werden wir dort unsere Mitmenschen entdecken. »Du sollst Gott lieben mit all deinem Herzen, all deinem Verstand, all deiner Seele und deinen Nächsten wie dich selbst«

(Markus 12,30–31). Das heißt: Wenn wir Gottes Liebe ganz annehmen und uns in ihre Arme legen, werden wir dort viele von uns wiederfinden. Wenn ich mich in mein Herz hinein aufmache, um dort Gott zu begegnen, begegne ich dort immer der Welt. Wenn Gott zu meinem Herzen spricht, wird mein Herz so weit wie die Welt. Viele Leute meinen, zu beten oder mit sich selbst allein zu sein sei ein Rückzug aus der Welt an irgendeinen privaten Ort, aber das ist ganz und gar nicht der Fall. Das kontemplative oder mystische Leben zeigt, dass wir, je tiefer wir in die Einsamkeit eintreten und zu unserem Herzen finden, umso mehr in der Welt sind. Ich persönlich habe nie daran geglaubt, dass Kontemplation dazu dient, die eigenen Batterien aufzufüllen, um dann zurück in die Welt zu gehen. Für mich ist Kontemplation selbst ein Weg, auf dem wir in die Welt gehen. Einsamkeit und Gebet stellen uns in eine geistliche Gemeinschaft mit allen Menschen.

Ich weiß nicht, ob Sie jemals eins von diesen großen alten Wagenrädern gesehen haben. Sie haben in der Mitte eine Nabe, von der all diese

Speichen zur äußeren Radfelge führen. Bildlich gesprochen: Wir bleiben allzu oft auf der Felge sitzen. Beten heißt, zur Nabe gehen. Das Gebet führt uns in unser Herz, aber es führt uns zugleich zum Herzen der Welt, und alle Speichen führen gerade dort zusammen. Beten heißt nicht, die Verbindung zur Welt abbrechen, sondern im Gegenteil: In unserem Herzen sind wir mehr mit den Menschen verbunden, als wenn wir ständig unterwegs sind. Geistlich gesprochen ist dieses Verbundensein das, was wir »Fürbittgebet« nennen. Für andere bitten heißt, Zugang zu finden zum Herzen Gottes und dort in Gemeinschaft nicht nur mit Gott, sondern mit der ganzen Menschheit sein. Es ist meine tiefste Überzeugung, dass Gemeinschaft mit Gott und Solidarität mit allen Menschen immer zusammengehen. Wir können nicht in Gemeinschaft mit Gott leben, wenn wir nicht solidarisch mit anderen Menschen leben; denn beides ist wesentlich dasselbe. In diesem Sinn und aus diesem Grund ist jeder Mystiker ein Aktivist. Mystiker sind nicht Menschen, die beschaulich herumsitzen. Teresa von Ávila rannte durch die Gegend und gründete ein Kloster nach dem anderen. Johannes vom Kreuz war ein sehr aktiver Mensch und Thomas Merton ein überaus beschäftigter Mann. Mit der Mystik und den Mystikern verhält es sich so: Wer zum Herzen Gottes findet, kommt in Berührung mit Gottes Gemeinschaft mit allen Menschen.

Dann werden wir wissen, auf welche Weise wir in die Welt gesandt sind und was wir zu tun haben. Ich kann zwar hier sitzen und fragen: Sollte ich nach Somalia gehen oder nach Bosnien? Sollte ich den Sturmopfern in Florida helfen? und so weiter. Aber ich habe hier zu sitzen und zu bleiben. Das ist meine Berufung, also sollte ich nicht versuchen, draußen herumzurennen und Dinge zu tun, die ich nicht kann. Dann muss ich fragen: Wie beruft mich Gott zu etwas Neuem?

Es könnte durchaus sein, dass etwas in der Welt geschieht, worauf ich auf eine neue Weise antworten muss. Dann muss ich diesem Ruf folgen, aber er muss aus dem Herzen kommen, von Gott. Im andern Fall wird mein Einsatz nur dazu führen, dass ich am Ende innerlich leer und aus-

gebrannt bin, weil ich etwas nur deshalb getan
habe, um mir oder der Welt etwas zu beweisen,
indem ich etwas Gutes tue oder etwas richtig
mache. Ich werde dann bitter und enttäuscht sein.

6. Gebet

Angenommen, jemand übt sich schon einige Zeit im Beten und sagt dann: »Das ist ja ganz schön, aber ich nehme mir diese stille Zeit jetzt seit zehn Jahren (oder seit fünf Jahren oder seit drei Monaten ...), und ich merke nicht, dass Gott zu mir sprechen würde, ich spüre keine Nähe. Ich bete, aber ich fühle nicht, dass ich innerlich geführt werde. Ich möchte eigentlich etwas mehr als das erfahren!« Wie lässt sich darauf antworten?

Ich möchte sehr grundsätzlich antworten, dass Gott uns hört. Wer ernsthaft betet, wird das verstehen. Im Gebet geht es nicht um spirituelle Gymnastik oder anstrengende innere Konzentrationsübungen. So wie ich es sehe, geht es beim Beten zuallererst darum, in die Gemeinschaft mit Gott und seinem Volk einzutreten. Menschen beten ja nicht nur, wenn sie ganz allein in der Ecke sitzen, sondern sie beten in dem Sinn, dass sie fortwährend mit Gott und mit anderen Menschen, die ebenfalls beten, in Gemeinschaft bleiben. Nehmen Sie Benedikt oder Franziskus, alle diese guten Leute: Sie haben gebetet, und ehe sie sich versahen, hatten sie eine ganze Gemeinschaft um sich versammelt.

Der Zusammenhang von Gebet und Gemeinschaft gilt genauso für verheiratete Menschen. Es ist ganz genau das Gleiche: Wenn Eheleute ernsthaft über ihr spirituelles Leben nachdenken, beginnen sie, besondere Bande zueinander zu knüpfen, einander zuzuhören, sich umeinander zu kümmern. Wenn jemand wirklich wissen will, was Gott von ihm/ihr erwartet, dann ist Gott so begierig darauf, diese Frage gestellt zu bekommen, dass er nicht eine Sekunde zögern wird zu antworten – so denke ich. Wenn wir zu Gott sagen: »Ich werde tun, was immer du willst, dass ich tue«, und solange wir selbst eindeutig dabei bleiben, werden wir eine eindeutige Antwort erhalten, und zwar deutlicher, als wir wollen. Gott bittet uns nicht unbedingt immer um schwierige oder tiefgehende Dinge – in die Mission zu gehen oder unser ganzes Geld wegzugeben –, das geschieht selten. Üblicherweise sagt Gott: »Warum gehst du nicht diesen kleinen Schritt und bist nicht mehr so verärgert über deine Frau«, oder »Vielleicht solltest anfangen, ein Buch zu lesen.« Und plötzlich herrscht für uns eine große Klarheit, dass wir diesen kleinen Schritt wirklich tun sollten. Es ist erstaunlich, wenn wir jeden Tag einen oder zwei dieser kleinen Schritte unternehmen, entsteht ein neuer Ort in unserem Leben, und wenn wir nach innen schauen, entdecken wir, dass wir eine ganze Reise unternommen haben.

Alle großen Berufungen geschehen sehr langsam. Wenn wir zum Beispiel die Geschichte von Ignatius von Loyola oder von Franziskus von Assisi lesen, fällt auf, dass sie nicht plötzlich bekehrt wurden, sondern jahrelang gekämpft und gerungen haben, und selbst als sie ihre Berufung gefunden hatten, haben sie noch wie verrückt darum gerungen. Aus der Entfernung sieht ein solches Lebens meistens viel harmonischer aus, als es wirklich ist. Wenn jemand zu mir sagt: »Ich bete schon so lange, aber ich habe Gott niemals erfahren«, dann antworte ich: »Warum kommen

Sie nicht mit mir und wir beten zusammen? Wir singen ein Lied und beten jeden Tag zehn Minuten lang«, oder: »Kommen Sie mit in die Gemeinschaft, wo ich lebe. Sie sind viel zu allein. Gott will nicht, dass sie allein sind, er will, dass sie geliebt werden.« Wenn Leute sagen: »Ich bete und denke nach«, dann sage ich: »Sie sind viel zu angespannt, was Ihr spirituelles Leben betrifft. Sie brauchen kein Gebet, Sie brauchen jetzt eine Umarmung und eine gute Mahlzeit.« Da geht es um ganz leibliche Dinge, um Menschwerdung.

Einsamkeit und Schweigen können als Methoden oder Strategien genauso leer werden wie alles andere. Aber sie können auch auf eine bestimmte Wahrheit hinweisen: Dass wir einen Ort haben, wo Gott zu uns reden will, dass wir zu Gott sprechen und mit Gott sein wollen. Ein Beispiel: In der »Arche«-Gemeinschaft, in der ich lebe, habe ich nicht viel Zeit zum Beten. Dort leben sehr schwer behinderte Menschen; sie können nicht sprechen, sie können nicht laufen. Das Einzige, was sie wollen, ist, dass wir sie halten. Jeder ist glücklich, wenn ich für eine Stunde komme, um diese Aufgabe zu übernehmen. Ich halte dann Adam für eine Stunde in den Armen und füttere ihn. Gott schenkt mir Adam, um mich auf den Boden zu stellen. Ich habe keine Zeit, um in einer Kirche zu sitzen und zu meditieren, sondern Adam ist da. Manchmal kommt der Anstoß eben von ganz anderen Orten, nicht immer aus der Einsamkeit, nicht immer aus der Gemeinschaft. Gemeinschaft hat für das Leben eine wesentliche Bedeutung, aber es gibt Millionen unterschiedliche Wege, Gemeinschaft zu verwirklichen. Einsamkeit hat für das Leben eine wesentliche Bedeutung, aber es gibt Millionen unterschiedliche Wege, Einsamkeit zu verwirklichen. Mit sich allein sein heißt nicht immer, um fünf Uhr morgens aufzustehen und eine Stunde vor einer Ikone zu sitzen. Das ist der Weg für einige Menschen, aber es ist nicht die Berufung der meisten. Dennoch sind auch sie zur Einsamkeit berufen.

7. Schweigen

Ein weiteres wichtiges Element christlicher Spiritualität ist das Schweigen. Leben wir zu zerstreut? Vielleicht gibt es ein gewisses Maß an Schweigen in unserem Leben, aber wir fürchten uns davor, oder wir sind zu hektisch. Oft sagen die Leute: »Nun gut, ich setze mich hin und bin still und versuche es, aber nach wenigen Sekunden schwirren die Gedanken in meinem Kopf wie ein Bienenschwarm.«

Über diese Fragen habe ich in meinem Buch »Feuer, das von innen brennt« geschrieben *(Freiburg im Breisgau 1981, jetzt auszugsweise in: »Gebete aus der Stille. Mit einer Einleitung von Anselm Grün«, Freiburg im Breisgau 2005)*. Es gibt eine kleine daoistische Geschichte, ein Ausspruch von Meister Zhuang: »Der Zweck einer Fischreuse ist es, Fische zu fangen; wenn die Fische gefangen sind, vergisst man die Reuse. Der Zweck einer Kaninchenfalle ist es, Kaninchen zu fangen; wenn die Kaninchen gefangen sind, vergisst man die Falle. Der Zweck der Worte ist, Ideen zu vermitteln; wenn die Ideen begriffen sind, vergisst man die Worte. Wo finde ich einen Menschen, der die Worte vergessen hat. Er wäre der, mit dem ich gern reden würde.«

Die Geschichte ist witzig, aber sie ist auch sehr, sehr wahr. Auf gewisse Weise dienen Worte dazu, etwas mitzuteilen, aber zugleich ist das, was wir mitteilen möchten, größer als Worte. Das gilt selbst für das Gespräch, das wir gerade miteinander führen. Ich spreche bereits eine Stunde mit Ihnen über Einsamkeit oder Schweigen, und das Eigentliche habe ich doch nicht gesagt. Ich spreche »darum herum«. Aber am Ende, wenn wir verstanden haben, was Einsamkeit oder Schweigen meint, dann brauchen wir darüber gar nicht mehr viele Worte zu verlieren. Worte sind ein Weg ins Schweigen.

Ich bin von Worten umgeben. Die meiste Zeit meines Lebens haben Menschen zu mir gesprochen in Gesprächen, Vorträgen und so weiter, und ich habe die meiste Zeit zu anderen gesprochen. Aber jenseits all dieser Worte gibt es eine

Wirklichkeit, in der wir verweilen müssen. Diese Wirklichkeit ist wortlos, insofern Wörter dazu dienen, zu teilen und auszuteilen. Deshalb hat es so große Bedeutung, dass wir wissen, wie man die Ebene der Worte überschreitet. In der Gemeinschaft, in der ich lebe, ist es sehr wichtig, dass Worte ins Schweigen führen, so dass ich mit einer Person eine Weile spreche und dann mit derselben Person eine Weile schweige. Ich habe zweimal für sieben Monate in einem Trappistenkloster gelebt, und eines der Dinge, die ich zu entdecken begann, war, dass das Schweigen dort eine der heilsamen Einrichtungen ist. Sobald diese Menschen, die die ganze Zeit zusammenleben, anfangen würden, sich zu unterhalten, würde das Kloster zum langweiligsten Ort werden, den man sich vorstellen kann. Das Schweigen hält sie zusammen in etwas, das größer ist, als ihre Worte ausdrücken könnten. Auf der anderen Seite führt Schweigen auch ins Wort. Wenn Sie schweigen, kann das einfach eine äußere physische Stille sein, weil Sie eben nicht reden, aber es kann auch eine innere Stille sein. Wenn Sie solches Schweigen oft praktizieren, werden Ihre Worte schwanger, bedeutungsvoll. Leute sprechen zu uns, deren Worte nicht aus dem Schweigen kommen, und es ist wie ein Geklapper, wie Lärm. Aber manche Menschen brauchen bloß wenig zu sagen, manchmal sehr einfache Dinge, und doch ist es genug, um uns etwas verstehen zu lassen.

Ich erinnere mich daran, wie ich Mutter Teresa in Rom besucht habe. Alle wollten sie sehen, und auch ich wollte sie sehen. Zu dieser Zeit hatte ich Probleme, persönliche innere Kämpfe, etliche sogar, und ich wollte Mutter Teresa fragen, wie ich damit umgehen sollte. Ich brachte also meinen ganzen persönlichen Kram zu ihr und redete über eine Viertelstunde (von den zwanzig Minuten, die ich mit ihr verbringen konnte). Ich redete über alle meine Probleme. Dann sah sie mich an und sagte: »Wenn Sie eine Stunde am Tag damit verbringen, den Herrn anzubeten, und niemals etwas tun, von dem Sie wissen, dass es falsch ist, dann wird es Ihnen gutgehen.« Das riss mich aus den Gleisen meiner Gedankengänge heraus, und ich sagte zu ihr: »Danke. Ich denke, dass viele Menschen mit Ihnen sprechen möchten.«

Offensichtlich hatte sie nichts gesagt, was ich nicht gewusst hätte, aber plötzlich traf mich die Wahrheit, die darin lag, so tief, und ich spürte, dass der Ort, von dem aus sie sprach, so sehr der rechte war, dass dieses kleine Wort genug für mich war. Es bedeutete mehr, als wenn ich mich mit irgendjemand sonst lange unterhalten hätte. Der Grund dafür lag darin, dass ihre Worte irgendwie aus dem Schweigen kamen und dass Gott mich in diesem Augenblick bereit gemacht hatte, zu hören. Schweigen ist ein Ort, der unseren Worten eine symbolische Macht geben kann. Die meisten Worte sind einfach Worte, immer mehr Worte. Schweigen ist ein Ort, wo die Worte aufhören. Theologisch gesprochen: Gott ist Schweigen. Aus dem Schweigen heraus spricht Gott sein Wort, und das Wort wird Fleisch, und das Wort kehrt zurück ins Schweigen. Das ist das ganze Geheimnis der Dreifaltigkeit, die Beziehung zwischen dem Schweigen und dem Wort.

8. Licht in der Finsternis

In all den Dingen, über die wir gesprochen haben, gibt es eine ergänzende Wechselseitigkeit. Einsamkeit ist eng verbunden mit Gemeinschaft, Schweigen mit dem Wort. Zwischen beiden Polen geschieht ein fließender Austausch. Stimmt das noch für unsere Gegenwartskultur? Wir haben offensichtlich die Balance verloren. Wir spüren das sehr bedrängend. Steuern wir auf eine Katastrophe zu?

Vielleicht denken manche Leute so, aber nein, so denke ich nicht. Ich habe gerade ein Buch über das vierzehnte Jahrhundert gelesen, und auch damals war alles nicht so einfach. Denken Sie an die Pest, die Kriege, das Morden und Schlachten und so weiter. Ich möchte über Schweigen und Einsamkeit oder Gemeinschaft und das Wort nicht auf dem Hintergrund von Katastrophenszenarien sprechen. Ich möchte einfach sagen, dass, wo immer Gott gegenwärtig ist, in Einsamkeit, Schweigen und Worten, es Gebet und Gemeinschaft gibt. Diese Dinge sind von wesentlicher Bedeutung für unser Leben und für ein Leben, das diese Welt übersteigt. Und es ist so wichtig, dass es immer Menschen gibt, die Einsamkeit leben, die das Schweigen leben, die Gebet und Gemeinschaft leben, mitten in der Welt. Sie sind kleine Fingerzeige, die auf Gott weisen.

Dass die Welt in der Macht des Bösen ist, ist in keiner Weise neu. Wir dürfen nicht in Panik geraten angesichts der Tatsache, das es so viel Böses gibt. Das ist genau das, was die »Welt« ausmacht: sie ist in der Macht des Bösen. Der Evangelist Johannes lehrt, dass wir mitten in der Welt mit dem Geheimnis leben, dass die Welt in der Macht des Bösen ist. Daher kann der Versucher zu Jesus sagen: »Du kannst das alles haben, es gehört mir!« Jesus antwortet nicht etwa: »Das ist nicht wahr!«, sondern: »Ich will es nicht!« Die entscheidende Frage ist: Wie können wir in einer Welt, die böse ist, Orte schaffen, wo es uns möglich wird, einen kleinen Schein von Gottes Güte und Liebe zu erahnen? Ich habe das Gefühl, dass wir in unserer Wahrnehmung des Bösen eine Wende um 180 Grad machen müssten. Wir sind immer überrascht von der Finsternis – aber eine bestimmte Finsternis rührt nun einmal von dem Bösen her. Wenn Sie im Radio oder Fernsehen Nachrichten hören oder sehen, stellen Sie fest, dass die Welt in der Macht des Bösen ist. Und wir reagieren, indem wir den Leuten sagen: »Schaut hin, was da passiert. Ist das nicht schrecklich?! Ist das nicht furchtbar?! Ist das nicht unglaublich?!« Wir reagieren so, als ob das Böse uns überrascht. Wir sollten vielmehr überrascht sein von der Güte.

Das Böse ist nicht etwas, das uns überraschen sollte, es ist der Zustand der Wirklichkeit. Jesus sagt: »Das Licht kam in die Finsternis, aber die Finsternis hat es nicht begriffen.« Das Licht kam in die Finsternis, und Jesus sagt: »Ich bin der Herr des Lebens und der Wahrheit.« Und wir alle haben die Aufgabe, daran zu erinnern, kleine Erinnerungszeichen zu sein. Nicht in dem Sinn, als wären wir selbst nicht böse – Jesus nennt uns alle böse –, aber wir sind zugleich Gottes geliebte Menschen. Es geht überhaupt nicht darum zu sagen: Hier sind die Guten, und dort sind die Bösen. Es geht vielmehr darum, dass Menschen, die das Evangelium hören und leben, die entsprechend der Worte Jesu leben, nicht aufhören, sich selbst zur Treue zu rufen. Und sie können andere einladen, die nach demselben Ausschau halten, denn niemand möchte dem Bösen zum Opfer fallen. Es gibt Wege, auf denen wir uns dem Bösen entziehen können, um nicht sein Opfer zu werden.

9. Hoffnung

Aber muss man nicht auch vom Sieg über das Böse sprechen? Die Bibel weiß von der Herrschaft des »Fürsten der Finsternis« über diese Welt, aber ebenso vom Sieg über das Böse.

Genau darum geht es bei Jesus. Jesus sagt: »Ich habe die Welt überwunden. In der Welt seid ihr allezeit in Bedrängnis. Aber habt Mut! Ich habe die Welt besiegt« (Johannes 16,33). Darin liegt unsere Hoffnung. Aus diesem Grund sind Einsamkeit, Gemeinschaft und Schweigen von so großer Bedeutung, weil wir grundsätzlich glauben, dass die Mächte des Bösen überwunden sind. Das heißt: Wir sind nicht dazu verurteilt, Opfer des Bösen zu sein, wir können uns entscheiden, dem Bösen nicht zum Opfer zu fallen. Darum geht es im Glauben: sich zu entscheiden, kein Opfer zu sein.

10. Das Leben wählen

Der Sieg über das Böse schließt Freiheit ein, eine radikale Freiheit. Wenn das Evangelium lehrt, dass wir uns entscheiden können, aus diesem Schlamassel auszusteigen, dann kann ich eine persönliche Entscheidung treffen. Sollen wir darin auch Vorbilder für andere sein?

Wir können uns alle entscheiden, wir haben die Wahl. Jeder Mensch ist frei zu wählen, Ja oder Nein zu sagen. Aber es gibt nicht immer nur Schwarz und Weiß, sondern wir sagen manchmal Ja und Nein zugleich. Ich glaube sehr fest daran, dass das menschliche Herz fortwährend Entscheidungen treffen kann. Nicht nur Christen, alle Menschen können das. Daher sagt Jesus: »Ich war arm, und ihr habt mir zu essen gegeben. Ich war nackt, und ihr habt mich bekleidet.« Im Gleichnis (Matthäus 25) fragen die Angesprochenen zurück: »Wann haben wir dich arm gesehen?«, und der Menschensohn antwortet: »Was ihr dem Geringsten meiner Geschwister getan habt, habt ihr mir getan.« Wir wissen, dass wir irgendwo eine Entscheidung zu treffen haben. Ob wir auf diese oder jene Weise reagieren sollen – immer stehen wir vor einer Entscheidung. Dabei machen wir viele Fehler. Und es ist nicht so, als ob eine Entscheidung ein für alle Mal gilt; wir sind immer wieder von Neuem eingeladen, unsere Wahl zu treffen. Ich weiß das von mir selbst. Ich muss immer wieder wählen und Entscheidungen treffen, wieder Ja sagen und wieder Ja sagen und noch einmal Ja sagen. Es reicht nicht, es einmal zu sagen, wir müssen es immer wieder tun.

Wir treffen unsere Entscheidungen, weil wir irgendwo zu uns selbst sagen: Obwohl die Welt in der Macht des Bösen ist, ist das Böse überwunden. Ich muss ihm nicht zum Opfer fallen. Daher rühren die paradoxen Sätze des Evangeliums, dass die Letzten die Ersten sein werden und dass der sein Leben gewinnen wird, der es verliert. Alle diese Sätze, die so paradox scheinen, brechen die Macht des Bösen. Sie ermöglichen uns, den

Sieg zu wählen. Viele Menschen wählen den Sieg. Angenommen, Sie und ich sind in denselben Unfall verwickelt, und wir brechen uns beide die Beine. Wie werden wir damit umgehen? Sie können sagen: »Das ist das Ende meiner Karriere«, und ich kann sagen: »Das ist der Beginn meiner Berufung.« Es kommt nicht darauf an, was in unserem Leben geschieht, sondern wie wir entscheiden, das zu leben, was in unserem Leben geschieht. Ich denke an die kleine Gruppe von Menschen, die sich in meiner »Arche«-Gemeinschaft zur Eucharistie versammeln. Wenn ich sie auf der physischen Ebene beschreiben würde, dann könnten Sie eine Menge Schmerzen, Kämpfe, Schwierigkeiten sehen. Aber irgendwie ist es eine sehr fröhliche Gemeinschaft, weil alle sich entschieden haben, auf eine bestimmte Weise zu leben, ihre Schmerzen auf eine bestimmte Weise zu leben.

11. Gottesdienst

Gottesdienst ist offensichtlich ein fester Bestandteil Ihres Lebens und in den ganzen Prozess von Einsamkeit und Schweigen, Gemeinschaft und Wort einbezogen. Was »macht« Gottesdienst?

Das ist eine gute Frage. Was »macht« Gottesdienst? Lassen Sie es mich in der Sprache ausdrücken, die wir bislang benutzt haben. Ich habe in mir das Bild, dass Gott seit Ewigkeit sagt: »Du bist mein geliebter Mensch.« Seit aller Ewigkeit, bevor wir geboren wurden, sind wir in den Gedanken Gottes. Gott hat uns geliebt, bevor unser Vater und unsere Mutter uns liebten. Das ist wichtig, denn in der Welt erfahre ich, dass alle, die mich lieben – Vater, Mutter, Bruder, Schwester, Lehrer –, mich auch verletzen. Kein Mensch kann uns nur lieben, er wird uns immer auch verletzen. Am meisten werden wir von denen verletzt, die uns lieben: von der Mutter, die mich vielleicht nicht gut genug geliebt hat, oder vom Vater, der autoritär mit mir umging, oder von meinem Lehrer oder von der Kirche.

Die Menschen, die mich lieben, sind immer diejenigen, die mich kränken, weil auch sie Bedürfnisse haben. Gottes Liebe ist eine Liebe, die nicht verletzt, weil sie ewig ist. Gott liebt mich von Ewigkeit zu Ewigkeit. Mein Leben, dieses kleine Stückchen Leben – dreißig, vierzig, fünfzig, sechzig, siebzig, achtzig Jahre –, dauert nicht sehr lang. Es ist gerade die eine kleine Gelegenheit, in der wir »Ja« sagen können, »Ja, ich liebe dich auch.« Um dieses Ja geht es in unserem Leben, und Zeit ist die Gelegenheit, dieses Ja zu sagen. In den Worten des antiken Griechisch ist das nicht *chronos,* die fortwährend fließende Zeit, sondern *kairos,* der günstige Augenblick. *Kairos* bedeutet die Gelegenheit, das eigene Herz zu ändern. Es gibt so viele Gelegenheiten, unser Herz zu ändern, wie es Ereignisse gibt, an denen wir teilhaben. Alles ist eine Gelegenheit, das eigene Herz zu ändern – der Besuch bei einem Freund, der Besuch der Mutter, der Besuch eines Museums, was auch immer, das ganze Leben

eben. »Von unten« gesehen, sind das alles nur Punkte in der Zeit, *chronos*. »Von oben« gesehen, ist jeder von ihnen ein *kairos*, die Gelegenheit, unser Herz zu ändern in allem, was wir tun.

Im dreizehnten Kapitel des Lukasevangeliums werden Jesus die Nachrichten des Tages zugetragen: Galiläer waren in Jerusalem von Pilatus umgebracht worden, und ihr Blut hatte sich mit dem Blut der Opfertiere vermischt. Jesus fragt: »Sind diese Galiläer größere Sünder gewesen, als ihr seid? – Nein, sage ich euch, wenn ihr nicht umkehrt, werdet ihr dasselbe Schicksal erleiden.« Es gab an diesem Tag noch eine weitere Nachricht, von achtzehn Unfallopfern beim Einsturz des Turmes von Schiloach. Jesus sagt: »Waren sie schuldiger als ihr?« Nein, sie waren nicht schuldiger als wir, aber wir bedürfen der Umkehr. Mit anderen Worten: Alle historischen Ereignisse sind Gelegenheiten, unser Herz zu ändern; das ist ihr Sinn. Alles, was wir in den Nachrichten hören, gibt uns die Gelegenheit, unser Herz zu ändern. Warum gibt es Aids? Es gibt Aids, so dass wir umkehren, lautet die spirituelle Antwort. Warum gibt es den Aufstand der Schwarzen für die Bürgerrechte? So dass die Weißen umkehren können. Warum gibt es die Armut in Lateinamerika? So dass die Reichen umkehren können. Das ist der Sinn der Ereignisse »von oben« gesehen.

Gottesdienst bedeutet für mich, zu Gottes Liebe beständig »Ja« zu sagen: »Herr, ich liebe dich auch, denn du bist wunderschön und großartig. Ich liebe dich auch.« Unser ganzes Leben sollte Gottesdienst sein. Jeder Augenblick in unserer Zeit sollte ein Anlass sein, zu sagen: »Ja, ich liebe dich auch.« Darin meldet sich die Umkehr des Herzens zu Wort. Die Augenblicke, die wir ausdrücklich »Gottesdienst« nennen wie die Feier der Eucharistie oder das Morgenlob, sind grundsätzlich nichts anderes als Momente, in denen wir uns daran erinnern, worin es in unserem ganzen Leben geht, Augenblicke, in denen wir in einer bestimmten Weise den Sinn unseres Seins zum Ausdruck bringen.

12. Zwischen Sehnsucht und Widerstand

Viele Zeitgenossen haben Schwierigkeiten mit einem persönlichen Gottesbild. Sie fragen: »Wer ist dieses Du? Wer ist dieser Gott? Wer ist Gott?« Obwohl es eine unterschwellige Wiederkehr des Religiösen gibt, ist unsere Kultur postreligiös: »Ich kann mich nicht auf ein Du beziehen oder auf einen persönlichen Gott, dem ich mich verdanken soll.« Das ist das grundlegende Problem.

Ich glaube, dass es mehr gibt als diese Stimmen, dass da jemand ist, an den ich mich wenden kann, jemand, der sich auch an diese Menschen wendet.

Wenn Menschen Schweigen und Einsamkeit üben würden, könnten sie dann wahrnehmen, dass es da etwas anderes gibt?

Sie haben einen gewissen Gegensatz benannt. Sie sagen: »Jeder sehnt sich nach positiver Einsamkeit, nach der Erfahrung, mit sich allein zu sein.« Und zugleich stellen Sie fest: »Jeder fragt: Wer soll denn dieser Gott sein?« Die Tatsache, dass sich jeder danach sehnt, mit sich allein sein zu können, bedeutet aber so viel wie die Feststellung, dass jeder eigentlich entdecken möchte: Es gibt da jemanden, der zu mir in meiner Einsamkeit spricht. Daher habe ich gesagt, dass es ein großer Akt des Glaubens ist, darauf zu vertrauen, dass wir etwas hören, wenn wir beginnen, nach innen zu lauschen, oder dass wir Nähe finden, wenn wir in die Einsamkeit eintreten, oder dass wir am Ende keine tödliche Stille finden, wenn wir Schweigen üben, sondern dass es eine belebende Stille wird. All das ist ein Akt des Glaubens, dass es einen Gott gibt, der uns liebt. Das kann ich niemandem beweisen, ich kann nicht einmal darüber debattieren. Ich kann nur sagen, dass die Menschen, die mit mir in die Erfahrung der Einsamkeit, des Gebets, der Gemeinschaft und der gemeinsamen Kontemplation eingetreten sind, beginnen, einander zu lieben und einander wirklich zu vergeben. Sie beginnen zu leben. Sie entdecken, dass die Gnade, die uns solches tun lässt, eine Gnade ist, die uns selbst überschreitet; dass es jemanden gibt, der uns Jesus gesandt hat. Sie spüren, dass Gott uns nicht verlassen wird.

Gott steht nicht auf und sagt: »Hallo, hier bin ich.« Gott nimmt Fleisch an, es gibt eine Person, ein Evangelium, eine Geschichte, die ihn bezeugen. Ich stimme zu, dass die meisten Menschen dafür überhaupt kein Verständnis haben; aber das überrascht mich nicht. Wir haben so viele Widerstände in uns, auf diese Stimme zu hören, weil wir sie zum Teil hören wollen, zum Teil aber auch nicht. Ein Teil von uns wünscht sich jemanden, der uns liebt, aber wir wollen weder Leute noch Gott Dinge sagen hören, die wir nicht hören wollen. Es gibt so viel Sehnsucht nach Gott, wie es Widerstand gegen Gott gibt. Daher spricht die Bibel davon, dass Gott ein »eifersüchtiger« Gott ist. Gott will all unsere Aufmerksamkeit, und wir sind gar nicht so sicher, ob wir sie ihm geben wollen. Also bleiben wir dabei, Teile von uns lieber als unseren Privatbesitz zu betrachten.

Das überrascht mich nicht, ich meine das auch nicht als moralisches Urteil. Es ist bloß eine Feststellung, wie die Welt eben ist. Jesus macht das sehr, sehr deutlich. Die Menschen zu seiner Zeit waren auch nicht an Gott interessiert. Sie interessierten sich für Gesetze und Zeremonien und so weiter. Ich interessiere mich für jemanden, der all das wirklich durchbricht, so wie Jesus – und haben sie ihn nicht gekreuzigt?

13. Ein tieferes Leben

Wir können gegenwärtig beobachten, dass viele Menschen gar kein Interesse für irgendeine Form von tieferem Leben mehr zeigen. Einige suchen nach Lebenstiefe in der Kultur, andere in einer Spiritualität jenseits der Religionen, vielleicht einer Spiritualität ohne Gott. Wie zeigt sich Gott?

Was Sie sagen, trifft für Leute innerhalb der ganzen New-Age-Bewegung oder neuen Esoterik zu. Ich weiß nicht, was ich sagen soll: Ich liebe Menschen, ob sie an Gott glauben oder nicht. Ich bin nicht darauf aus, Menschen zu bekehren, das ist nicht meine Haltung. Viele Menschen haben Kontakt zu mir, die absolut kein Gespür für Gott haben und die ich sehr tief liebe und die mich sehr tief lieben. Ich meine also nicht, dass jemand kein guter Mensch ist, wenn er nicht an Gott glaubt. Im Gegenteil: Unter den besten Menschen gibt es oft solche, die kein formelles religiöses Interesse haben, und umgekehrt sind viele religiöse Leute sehr engstirnig und extrem angstbesetzt. All diese Linien sind wirklich schwer zu ziehen, aber ich glaube, dass Sie auch weiterhin beobachten können, dass Menschen nach dem Geist suchen, nach etwas, das die irdische Realität überschreitet.

Das Alltägliche, das, was wir jeden Tag als Menschen zu tun haben, bezieht sich nach unserem Glauben darauf, dass der menschliche Geist und das menschliche Herz uns von Gott gegeben sind. Wir sind berufen, ein »tieferes Leben« zu führen. Wenn unser Leben aus lauter Kleinkram besteht, ist es nicht länger sehr befriedigend. Menschen suchen nach einer größeren Schönheit, nach einem tieferen Sinn ihres Lebens. Der menschliche Geist ist so. Wo immer Geist in Menschen aktiv wird, werden Sie Gemeinschaft und Einsamkeit finden, werden Fragen über das Schweigen gestellt, gibt es Gebet und Gottesdienst. Und manchmal drückt sich dieser menschliche Geist in Formen aus, die auch im formalen Sinn religiös sind. Wo dagegen der Geist im Menschen ausgelöscht wird – und das lässt sich oft beobachten –, finden wir Gewalt, selbstverliebtes Verhalten, Kreisen um sich selbst, Abhängigkeiten, psychischen Selbstverlust, Selbsttötung, Zerstörung und Finsternis. All das werden Sie finden – wenn Sie sich umschauen.

14. Beten und Handeln

Das Lukasevangelium erzählt, dass Jesu zwei Schwestern besucht, Marta und Maria (Lukas 10, 28–42). Marta wurde zum Inbegriff des geschäftigen, Maria zum Symbol des kontemplativen Lebens – sind wir berufen, beides zu verwirklichen? Gibt es Zeiten, in denen wir mit Maria schweigend sitzen sollen, und Zeiten, um sich geschäftig um andere zu kümmern wie Marta? Am Ende unseres Gesprächs möchte ich gern fragen: Was ist eigentlich die Botschaft der Geschichte von Marta und Maria? Es gibt eine gewisse Zweideutigkeit, nicht wahr? Ist die Zurechtweisung Martas durch Jesus in einem absoluten Sinn gemeint oder bedeutet sie, dass Marta einen ganz bestimmten *kairos*, eine bestimmte Gelegenheit nicht genutzt hat?

Marta und Maria waren Schwestern und beide Freundinnen Jesu. Marta bedient Jesus, sie tut viel für ihn. Sie stört sich aber sehr daran, dass ihr

Maria nicht hilft. Vielleicht hat sich Maria auch an Marta gestört, dass die Schwester immerzu auf den Beinen ist und sich darüber aufregt, ob alle Dinge erledigt sind. Für mich sind beide Schwestern in gewisser Weise ein Sinnbild für mein Ich oder für den menschlichen Geist. Ich bin sehr davon überzeugt, dass Handeln wichtig ist. Ich bin sehr davon überzeugt, dass es wichtig ist, zu helfen, aktiv zu sein, Menschen zu waschen und für sie zu kochen und gastfreundlich zu sein, alles, was damit zu tun hat bis hin zur Hilfe für die Armen in notleidenden Ländern. Das zu tun, ist sehr, sehr wichtig: »Was ihr einem meiner geringsten Geschwister getan habt, habt ihr mir getan« (Matthäus 25,40). Aber wenn unsere Aktivität unsere eigene Unsicherheit darüber, wer wir sind, zur Quelle hat, dann wird sie wohl nicht dem Reich Gottes dienen. Dann wird unsere Aktivität ganz schnell ein Weg ins *burnout*, in das Gefühl der Leere und des Ausgebranntseins. *Burn-out* ist Aktivität ohne Glaube, das Verlangen, etwas zu beweisen, etwas zu demonstrieren. Aktivität hört dann auf, ein freies Geschenk zu sein.

Jesus sagt sehr klar, dass Maria den besseren Teil erwählt hat – das heißt: Wenn unsere Aktivität nicht aus der Nähe zu Gott stammt, wird sie dazu führen, dass wir am Ende innerlich leer und ausgebrannt sind. Anderseits denke ich nicht, dass Jesus sagen wollte: »Marta, hör auf, mich zu bedienen und setz dich neben Maria«, denn dann hätte er nichts zu essen bekommen! Wenn wir beide hier säßen und das spirituelle Leben romantisieren würden, im Sinne einer reinen Innerlichkeit, in der es nur darum ginge, zu beten und still zu sitzen und sich Jesus nahe zu fühlen und sich bei all dem prächtig zu fühlen – dann wären wir nur Teil dieser ganzen Kultur leerer Emotionalität. Aber das ist das spirituelle Leben nicht! Viele Menschen fragen nach dem spirituellen Leben, aber was sie wirklich wollen, ist: ein gutes Gefühl mit sich selbst zu haben. Sie wollen inneren Frieden, dieses wunderbar warme Gefühl. Wenn Gott uns das schenkt, ist es eine große Gabe. Wenn du für einen Augenblick lang spürst, wie Gottes große Liebe dich annimmt und umhüllt, genieße es, es ist wunderbar – aber rechne nicht damit!

Für die meisten Menschen ist ihr Gebetsleben eine trockene Angelegenheit, und wenn Menschen älter werden, fällt das Beten schwerer. Die meisten alten Menschen haben eine schwere Zeit, was ihr Gebet betrifft, sie beten um ihr inneres Leben. Beim Beten geht es nicht darum, innere Harmonie zu spüren, obwohl das ein wunderbares Gefühl ist und ich wünschte, ich hätte es öfter. Aber das macht Beten nicht aus, und Jesus ist in diesem Punkt sehr eindeutig. Er stand nachts auf, um zu beten, er stieg nachts auf den Berg – und mit dieser »Nacht« ist nicht einfach die Abwesenheit von Sonnenlicht gemeint, sondern die Abwesenheit von Gefühlen und Gedanken. Jesus schrie: »Mein Gott, mein Gott, warum hast du mich verlassen« (Markus 15,34). Dieser Satz drückt die Abwesenheit einer Erfahrung von Gott aus, aber er besagt nicht, dass wir nicht beten sollen. Hier wird besonders klar, worum es beim Beten geht.

In der Geschichte von Marta und Maria geht es um die Berufung zum Glauben und zum Gebet, aber nicht darum, aus dem Gebet irgendetwas Romantisches zu machen. Wie Maria sind wir berufen, mehr zu glauben, fortwährend auf die Stimme Gottes zu hören, die uns die geliebten Menschen nennt, und Jesus zu Füßen zu sitzen. Das ist die Wurzel meiner Identität, das sagt aus, wer ich bin – ich bin Gottes Sohn oder Tochter, ein Bruder, eine Schwester Jesu. Das macht mich aus, und ich will mich selbst immer daran erinnern und darauf vertrauen, dass ich aus dem Gebet heraus erfahren werde, zu welchem Handeln ich berufen bin. Jesus sagt auch, dass nicht jeder, der »Herr, Herr« zu ihm sagt, in das Himmelreich eingehen wird, sondern wer den Willen des Vaters tut (Matthäus 7,21). Zu Marta sagte er, dass dazu nicht einfach die gehören, die geschäftig durch die Gegend rennen, sondern dass Maria den besseren Teil erwählt hat.

Vielleicht mögen Sie im Lukasevangelium nachlesen, dort, wo Jesus die zwölf Apostel auswählt (Lukas 19,12–19). Die ganze Nacht verbrachte Jesus auf dem Berg im Gebet zu Gott. Am Morgen stieg er herab und versammelte seine Jünger. Am Nachmittag ging er mit ihnen durch die Ebene, um das Wort Gottes zu verkünden und die Kranken zu heilen. Drei Schritte: Ge-

meinschaft mit Gott *(communion)*, Gemeinschaft miteinander *(community)* und Dienst
(ministry). Das ist Jesu Reihenfolge: das Gebet in
der Nacht, am frühen Morgen die Bildung von
Gemeinschaft und danach der Dienst mit Hilfe
der Gemeinschaft. Wir stellen diese Reihenfolge
auf den Kopf: Wir wollen alles Mögliche selbst
machen, und wenn das nicht funktioniert, haben
wir in unserer Gemeinschaft Menschen, die uns
helfen sollen, und wenn das nicht hilft, fangen
wir an zu beten.

Aber so ist es nicht gedacht, es geht beim Beten nicht um eine Frage der Strategie oder einer
Technik oder Methode. Gott liebt uns, und irgendwie müssen wir darauf sehr vertrauen.
Manchmal können wir beten, und manchmal
beten wir nicht. Manchmal gibt es Gelegenheit
zur Einsamkeit, manchmal nicht. Manchmal erfahren wir Gemeinschaft, manchmal nicht. Aber
in der Mitte von all dem ist Gott unter uns.

Die Botschaft lautet also nicht, dass jeder den
Mund halten und Einsamkeit pflegen soll. Ein-
samkeit und Schweigen meinen unterschiedliche
Dinge für unterschiedliche Leute zu verschiede-

nen Zeiten. Sie sind keine Antworten auf die Probleme unserer Welt – nicht im formalen Sinn von Methoden, nur im Licht eines sehr tiefen spirituellen Sinns.

Henri Nouwen, ich danke für das Gespräch.

Statt eines Nachworts

Henri Nouwen hatte eigentlich noch ein Buch über den Zirkus schreiben wollen, besser gesagt, über die Akrobaten am Trapez, die ihn derart faszinierten, dass er eine Zeit lang im Wohnwagen mit so einem Zirkus mitzog, bei einer Fernsehdokumentation mit dem Titel *Engel über dem Netz* mitmachte, ja, dass er sich schließlich selbst ans Trapez wagte, zehn Wochen vor seinem Tod, Henri, der Unsportliche mit den zwei linken Händen!

Man half ihm ins Netz und zeigte ihm dann, »wie ich die lange Leiter zum Podest, das ich in beängstigender Höhe über mir sah, hinaufklettern muss. Kerri und Slava zogen mich auf das Podest, legten mir den Sicherheitsgurt um, hielten mich fest und reichten mir die Schaukelstange. Beim Blick in die Tiefe, nach oben, nach links und nach rechts stockte mir der Atem. Ich hielt die Stange mit beiden Händen, zweifelte aber, ob ich mein ganzes Gewicht daran werde halten können. Aber Kerri und Slava gaben mir einen Stoß, und schon schwang ich über dem Netz ein paar Mal hin und her. Ich versuchte, mit den Beinen etwas mehr Schwung zu bekommen, weil ich höher hinauf wollte. Aber dazu fehlte mir ganz einfach der Atem, so dass Rodleigh mir zurief, mich ins Netz fallen zu lassen.«

Und dann: »Ich kletterte die Leiter hoch zu Jonathan, dem Fänger, der kopfüber am Gestänge hing, mich an den Handgelenken packte und eine Weile in der Luft hielt. Ich blickte nach oben in sein nach unten gewandtes Gesicht und konnte mir vorstellen, wie es ist, an seinen Armen zu hängen und durch die Luft zu schwingen.«

Die Truppe stammte aus Südafrika und nannte sich *The Flying Rodleighs*. Ihre Vorführungen berührten etwas tief in Henri und waren wie die Verwirklichung seiner kühnsten Sehnsüchte. Diese Trapezkünstler machten für ihn unüberbietbar klar, was Leben heißt: Fallen und Aufstehen. Den Sprung riskieren und aufgefangen werden. Vertrauen. Sich aufeinander verlassen können.

»Wenn du ein Star sein willst, bist du verloren«, hatte man ihm erklärt. »Ohne Demut schaffst du es nicht im Zirkus.« Der Chef der *Flying Rodleighs* erläuterte ihm beim Gespräch im Wohnwagen, worauf es bei ihren gefährlichen Auftritten ankomme:

»›Nun‹, sagte Rodleigh, ›das Geheimnis besteht darin, dass der Flieger nichts tut und der Fänger alles. Wenn ich auf Joe zufliege, muss ich bloß meine Arme und Hände ausstrecken und darauf warten, dass er mich packt und sicher auf die Rampe zurücksetzt.‹

›Und Sie tun dabei nichts?‹, erwiderte ich ziemlich überrascht. ›Nein, gar nichts‹, wiederholte Rodleigh. ›Das Schlimmste, was der Flieger tun kann, ist, nach dem Fänger greifen zu wollen. Aber ich soll ja nicht Joe auffangen, sondern er mich. [...] Ein Flieger soll nichts als fliegen, ein Fänger nichts als auffangen; und der Flieger muss mit ausgestreckten Armen völlig darauf vertrauen, dass sein Fänger im richtigen Augenblick nach ihm greift!‹

Als mir Rodleigh das mit so großer Überzeugung sagte, kam mir der Ausspruch Jesu in den

Sinn: ›Vater, in deine Hände lege ich meinen Geist‹ (Lukas 23,46). Sterben heißt, völlig auf den Fänger vertrauen! Und wenn man sich eines Sterbenden annimmt, sagt man zu ihm: ›Hab keine Angst. Denk daran, du bist Gottes geliebtes Kind. Er wird zur Stelle sein, wenn du den großen Sprung machst. Versuch nicht, nach ihm zu greifen, denn er greift nach dir. Streck einfach die Hände weit aus und vertrau, vertrau, vertrau!‹«

aus: Christian Feldmann, Henri Nouwen. Glaube heißt Sehnsucht. Verlag Herder, Freiburg im Breisgau 2006, 114–116

ANHANG

Anstöße zum Nachdenken

1. Einsamkeit
Fallen Ihnen zwei, drei Wege ein, auf denen Sie sich mit Ihrem Alleinsein als einem Geschenk anfreunden können?

2. Zu wenig Zeit?
Wie ernsthaft wollen Sie darangehen, die Masken der Illusion abzustreifen, dass Sie ständig beschäftigt sein müssen?
Können Sie eine tägliche Zeit einrichten, in der Sie auf die Stimme hören, die Sie den geliebten Menschen nennt?

3. Berufung
Wann haben Sie sich dazu entschieden, von einem Ort aus zu leben, von dem Sie wissen, dass Sie sich dort abgelehnt fühlen?
Wann werden Sie sich entscheiden, von dem Ort aus zu leben, wo Sie wissen, dass Sie Gottes geliebter Mensch sind?

4. Geliebt sein

Benennen Sie einige einfache Schritte, durch die Sie Ihr Geliebtsein in Anspruch nehmen können (beispielsweise sich Zeit nehmen, um mit sich allein zu sein).

Auf welche Weise können Sie andere Menschen, die Sie kennen, auf deren Weg ermutigen, sich daran zu erinnern, dass auch Sie Gottes geliebte Menschen sind?

5. Das Herz

Entdecken Sie und erkunden Sie, wie Sie beim Eintritt in Ihr eigenes Herz, in den Mittelpunkt Ihres Seins, dort nicht nur Gott, sondern der ganzen Welt begegnen.

6. Gebet

Gebet geschieht nicht nur in der Einsamkeit, sondern auch in der Gesellschaft von anderen. Mit wem können Sie eine Gemeinschaft bilden und vertiefen?

7. Schweigen

Auf welche Weisen überschreiten Sie die Ebene der Worte? Nehmen Sie sich eine tägliche Zeit des Schweigens, vielleicht zu Tagesbeginn, und stellen Sie fest, wie nach einer gewissen Zeit Ihre Worte zu anderen authentischer werden.

8. Licht in der Finsternis

Können Sie sich der Aufgabe verpflichten, Orte und Zeiten der Stille zu schaffen, die Ihnen selbst und anderen den Geschmack an einer Schönheit jenseits der Schönheit vermitteln, das Geheimnis, das im Herzen des Lebens ist?

9. Hoffnung

Stellen Sie eine Woche oder länger Verhaltensweisen und Umstände heraus, wo Sie sich entscheiden, nicht so sehr ein Opfer zu sein, sondern eher jemand, der glaubt und hofft.

10. Das Leben wählen

Wie einfach fällt es Ihnen, dabei zu bleiben, zur Liebe und zum Leben »Ja« zu sagen? Finden Sie drei, vier Weisen heraus, wie Sie täglich ein »Ja« zu lieben, lernen, leben sagen können.

11. Gottesdienst

Erproben Sie Ihre Fähigkeiten, der Gnade zu erlauben, Ihr Herz zu öffnen und zu verwandeln, um auch mitten aus dem Chaos heraus Gott dankzusagen. Finden Sie den inneren Ort, von dem aus Sie sich in Dankbarkeit gegenüber Gott als der Quelle einüben können. Danken Sie Gott für die Menschen, die lieben, und für die Menschen, die leiden, und wissen Sie darum, dass es sich dabei oft um dieselben handeln wird.

12. *Zwischen Sehnsucht und Widerstand*

Stellen Sie fest, wie Sie damit umgehen, dass Einsamkeit nicht Rückzug ins Private bedeutet. Wenn Sie in die »Höhle Ihres Herzens« eintreten, werden Sie dort vielleicht jemanden finden, der in der Stille zu Ihnen spricht. Dort können Sie eine Nähe zum liebenden Gott entdecken.

13. *Ein tieferes Leben*

Benennen Sie für sich selbst und vielleicht auch für Ihren Partner oder einen Freund ein oder zwei Beispiele einer »größeren Schönheit« und eines »tieferen Lebenssinns«, als Sie sie erfahren.

14. *Beten und Handeln*

Gemeinschaft mit Gott hat die drei Bestandteile: Beten, Gemeinschaft bilden, in Gemeinschaft anderen dienen. Wie können Sie in Ihrem Lebensrhythmus für diese drei Schritte Raum schaffen?

Lebensdaten Henri Nouwens

24. Januar 1932 Geboren in Nijkerk (Niederlande)

1950 Abitur am Aloysius-Gymnasium Den Haag

1951–1957 Priesterseminarist in Rijsenburg

21. Juli 1957 Priesterweihe

1957–1964 Psychologiestudium in Nijmegen

1964–1966 Studium »Religion und Psychiatrie« am
    Menninger-Institut in Topeka (Kansas)

7. März 1965 Teilnahme an Martin Luther Kings
    Protestmarsch für die Bürgerrechte der Schwarzen
    von Selma nach Montgomery (Alabama)

1966–1968 Dozent an der Notre Dame University
    (Indiana) und Studentenseelsorger

1969–1971 Dozent am Gemeenschappelijk Pastoraal
    Instituut Amsterdam und an der Katholisch-Theo-
    logischen Universität Utrecht

1971–1972 Theologiestudium in Nijmegen (Lizenziat)

1971–1981 Dozent, später Professor an der Yale
    Divinity School (New Haven/ Connecticut)

1974 Gastmönch im Trappistenkloster Genesee Abbey
    (New York)

Oktober 1978 Tod seiner Mutter

1979 Zweiter Aufenthalt in Genesee Abbey (New York)

1981 Dritter Aufenthalt in Genesee Abbey (New York)

1981–1982 Aufenthalte in Bolivien und Peru

1983–1985 Professor an der Harvard Divinity School
(Cambridge/ Massachusetts)

1983 In Mexiko, Nicaragua, Honduras

1984 In Guatemala. Erster Aufenthalt in der »Arche«-
Gemeinschaft Trosly bei Paris und Begegnung mit
Jean Vanier

1985 Nouwen gibt seine Lehrtätigkeit auf und zieht nach
Trosly

1986–1996 Seelsorger der »Arche«-Gemeinschaft
Daybreak (Kanada)

1989 Unfall mit einer Erfahrung der Todesnähe

1991 Bekanntschaft mit der Trapezgruppe »The Flying
Rodleighs«

21. September 1996 Tod bei einem Zwischenaufenthalt
in Hilversum (Niederlande) auf einer Reise zu
Rembrandts Gemälde *Die Heimkehr des Verlorenen
Sohnes* in der Eremitage in St. Petersburg (Russland)

Bildquellenverzeichnis

S. *12:* Jenner (Kalifornien), Frühling 1996
© Kevin F. Dwyer 1996

S. *21:* Genesee Abbey, 1974
© Br. Anthony Weber, Genesee Abbey

S. *44:* Henri Nouwen in Lima
Quelle: Henri Nouwen, *Thuis,*
Lannoo NL-Tielt 2003, S. 16

S. *62:* Henri Nouwen und Adam Arnett
Fotografie: Zenia Kushpet
Mit freundlicher Erlaubnis der Henri J. M. Nouwen Archives

S. *82 oben:* Die Flying Rodleighs
© Ron van den Bosch
S. *82 unten*: Henri Nouwen am Trapez
© Ron van den Bosch

Nimm sein Bild in dein Herz
Geistliche Deutung eines Gemäldes von Rembrandt
172 Seiten · Gebunden mit Schutzumschlag
ISBN 978-3-451-22404-1

Feuer in meinem Herzen
Die Kraft der Mitmenschlichkeit
Herausgeben von Franz Johna
Mit 12 farbigen Illustrationen von Vincent van Gogh
144 Seiten · Gebunden mit Schutzumschlag
ISBN 978-3-451-29252-1

Bilder göttlichen Lebens
Ikonen schauen und beten
Neuausgabe zusammen mit Peter Dyckhoff
Mit sieben farbigen Ikonen-Abbildungen
160 Seiten · Gebunden mit Schutzumschlag
ISBN 978-3-451-29652-9

HERDER

Titel der Originalausgabe
Beloved. Henri Nouwen in Conversation. By Philip Roderick
Canterbury Press Norwich, London 2007
www.scm-canterburypress.co.uk

© für diese Ausgabe: Philip Roderick /
Canterbury Press Norwich, London
Mit freundlicher Zustimmung der Estate of Henri J. M. Nouwen
www.HenriNouwen.org

Für die deutschsprachige Ausgabe:
© Verlag Herder GmbH, Freiburg im Breisgau 2009
Alle Rechte vorbehalten
www.herder.de

Umschlagmotiv: Henri Nouwen
© Kevin F. Dwyer 1996
Herstellung:
fgb · freiburger graphische betriebe
www.fgb.de

Gedruckt auf umweltfreundlichem,
chlorfrei gebleichtem Papier
Printed in Germany
ISBN 978-3-451-32268-6